BEI GRIN MACHT SICH I
WISSEN BEZAHLT

- Wir veröffentlichen Ihre Hausarbeit,
  Bachelor- und Masterarbeit

- Ihr eigenes eBook und Buch -
  weltweit in allen wichtigen Shops

- Verdienen Sie an jedem Verkauf

Jetzt bei www.GRIN.com hochladen
und kostenlos publizieren

Bibliografische Information der Deutschen Nationalbibliothek:

Die Deutsche Bibliothek verzeichnet diese Publikation in der Deutschen National-
bibliografie; detaillierte bibliografische Daten sind im Internet über http://dnb.d-
nb.de/ abrufbar.

Impressum:

Copyright © 2019 GRIN Verlag
Druck und Bindung: Books on Demand GmbH, Norderstedt Germany
ISBN: 9783346042729

Dieses Buch bei GRIN:

https://www.grin.com/document/502754

Julian Veil

Cum-Ex-Geschäfte. Ökonomische Auswirkungen und die Frage nach der Rechtmäßigkeit

GRIN Verlag

GRIN - Your knowledge has value

Der GRIN Verlag publiziert seit 1998 wissenschaftliche Arbeiten von Studenten, Hochschullehrern und anderen Akademikern als eBook und gedrucktes Buch. Die Verlagswebsite www.grin.com ist die ideale Plattform zur Veröffentlichung von Hausarbeiten, Abschlussarbeiten, wissenschaftlichen Aufsätzen, Dissertationen und Fachbüchern.

Besuchen Sie uns im Internet:

http://www.grin.com/

http://www.facebook.com/grincom

http://www.twitter.com/grin_com

Die steuerrechtliche Behandlung von Cum-Ex-Geschäften und deren ökonomische Relevanz

Bachelorarbeit

zur Erlangung des akademischen Grades „Bachelor of Science (B. Sc.)" im Studiengang Wirtschaftswissenschaften der Wirtschaftswissenschaftlichen Fakultät der Leibniz Universität Hannover

vorgelegt von

Name: Veil   Vorname: Julian

Hannover, den 01.08.2019

Inhaltsverzeichnis

I. Abkürzungsverzeichnis

a. F. .... alte Fassung
Abs. .... Absatz
AG .... Aktiengesellschaft
AO .... Abgabenordnung
Aufl. .... Auflage
BB .... Betriebsberater
BFH .... Bundesfinanzhof
bzw. .... beziehungsweise
ca. .... circa
DStR .... Deutsches Steuerrecht
ebd. .... ebenda
EStG .... Einkommenssteuergesetz
et al. .... et alii
f. .... folgende (Seite)
ff. .... folgende Seiten
FG .... Finanzgericht
gem. .... gemäß
i. d. R. .... in der Regel
i. S. .... im Sinne
i. V. m. .... in Verbindung mit
jM .... Juris Monatszeitschrift
JStG .... Jahressteuergesetz
Nr. .... Nummer
NSTZ .... Neue Zeitschrift für Strafrecht
OTC .... over the counter (über den Ladentisch)
S. .... Seite
v. .... vom
vgl. .... vergleiche
z.B. .... zum Beispiel

II.   Abbildungsverzeichnis

III. Tabellenverzeichnis

1 Einleitung

Der deutsche Staat verliert Schätzungen zufolge jährlich 100 Milliarden Euro durch Steuerhinterziehung (vgl. Bundestag 2014). Im Fokus stehen dabei unteranderem die sogenannten Cum-Ex-Geschäfte mit Leerverkäufen. Bei den Cum-Ex-Geschäften handelt es sich um eine Art des Dividendenstrippings, bei der durch Aktiengeschäften um den Dividendenstichtag zwei Kapitalertragssteuerbescheinigungen erzeugt wurden, obwohl die Steuer nur einmal abgeführt wurde. Das bedeutet, dass die an den Cum-Ex-Geschäften Beteiligten ihre Gewinne ausschließlich durch Steuerausfälle des Staates generierten. Die Geschäfte wurden bereits 1990 erstmals gerichtlich untersucht und spätestens seit 2002 wurde auch der Gesetzgeber nach einem Schreiben des Bankenverbands auf die Geschäfte aufmerksam. 2012 schaffte der Gesetzgeber es die Geschäfte endgültig zu stoppen.

Diese Arbeit wird sich auf die Cum-Ex-Geschäfte mit Leerverkäufen konzentrieren, da die Rechtmäßigkeit dieser bis heute noch in der Literatur diskutiert wird und bisher noch kein Grundsatzurteil des Bundesfinanzhofs vorliegt. Da eine Negierung der Legalität dem Staat die Möglichkeit gäbe zumindest einen Teil der erlittenen Verluste zurückzufordern, wird sich im steuerrechtlichen Kontext, in dieser Arbeit, nur auf die Diskussion der Legalität konzentriert. Cum-Ex-Geschäfte zeichnen sich jedoch nicht nur durch ihre umstrittene Rechtmäßigkeit aus, sondern auch durch ihre ökonomischen Auswirkungen. Im Bereich der ökonomischen Auswirkungen wird sich diese Arbeit auf die Steuerausfälle des Staates und die Auswirkungen auf die Handelsvolumina deutscher Aktien um den Dividendenstichtag fokussieren, um das Ausmaß der Effekte der Cum-Ex-Geschäfte auf dieLegalität deutsche Wirtschaft zu untersuchen.

Entsprechend verfolgt diese Arbeit das Ziel zwei Fragen zu beantworten.

1. Waren die Cum-Ex-Geschäfte mit Leerverkäufen rechtmäßig?

2. Welche Auswirkungen hatten die Geschäfte auf die Steuereinahmen des Fiskus und die Handelsbewegung an der Börse?

Dafür wird im Folgenden, nach einem Literaturüberblick (Kapitel 2), zunächst das Grundmodell der Cum-Ex-Geschäfte mit Leerverkäufen erläutert und anhand eines Beispiels verdeutlicht (Kapitel 3). Anschließend werden Varianten der Geschäfte aufgezeigt (Kapitel 3). In Kapitel 4 werden Argumentationen von Rechtspraktikern, Gerichten und Steuerexperten zur Rechtmäßigkeit der Cum-Ex-Geschäfte mit Leerverkäufen gegenübergestellt und diskutiert, um einen Lösungsansatz zu der Legalitätsthese zu entwickeln. In

Kapitel 5 werden die Steuerausfälle des Staates anhand einer Schätzung aufgezeigt und mit Hilfe von Handelsdaten zwischen 2007 und 2015 der Einfluss der Cum-Ex-Geschäft auf die Handelsbewegungen an der deutschen Börse untersucht. Abschließend wird ein Fazit anhand der Erkenntnisse dieser Arbeit entwickelt und ein Ausblick für weitere Forschung bzw. Diskussionen gegeben (Kapitel 6).

2 Literaturüberblick

Der Großteil der Literatur zu den Cum-Ex-Geschäften besteht aus Aufsätzen von Rechtspraktikern, welche die Legalität der Geschäfte untersucht haben. Zu diesen Aufsätzen gehört zum Beispiel der im „Betriebsberater" veröffentlichte Aufsatz von Hanno Berger und Jörn Matuszewski aus dem Jahre 2011. In diesem wird ausführlich die Legalität der Cum-Ex-Geschäfte, in Hinsicht auf die Voraussetzungen zur Anrechnung von Kapitalertragssteuer gem. § 36 Abs. 2 Nr. 2 EStG, diskutiert. Unter Berücksichtigung von Grundsatzurteilen des BFH und der Auslegung des Rechts gelangen die Autoren zu dem Konsens, dass Cum-Ex-Geschäfte als Gesetzeslücke zu qualifizieren und entsprechend legal waren. Zu einem anderen Ergebnis kommt Prof. Dr. Christoph Spengel als dieser 2016 dem 4. Untersuchungsausschuss der 18. Wahlperiode ein Sachverständigengutachten vorlegte in dem auch er die Voraussetzungen des § 36 Abs. 2 Nr. 2 EStG diskutierte und sich dabei besonders auf den § 39 AO konzentrierte, der die Zurechnung von Eigentum an Wirtschaftsgütern bestimmt. Außerdem führt er aus, dass es sich bei Cum-Ex-Geschäften nicht um einen Missbrauch steuerlicher Gestaltungsmöglichkeiten gem. §42 AO handelt, sondern dass der objektive Tatbestand der Steuerhinterziehung gem. § 370 AO erfüllt ist. Der Einfluss der Cum-Ex-Geschäfte auf den Kapitalmarkt wurde 2019 von Büttner et al. untersucht. Dabei wurden die Anreize für Investoren Cum-Ex-Geschäfte durchzuführen in einem Modell im Kapitalmarktgleichgewicht betrachte mit dem Ergebnis, dass die Geschäfte für diese nur unter Absprache rentabel waren und es sich deshalb um gemeinschaftliche Steuerhinterziehung handelte. Außerdem wurde der Einfluss der Cum-Ex-Geschäfte auf das Handelsvolumen deutscher Aktien an der Börse betrachtet, um zu testen ob sich dieses um den Dividendenstichtag bei Dividenden für die Steuern gezahlt wurden anders verhält als für Dividenden für die keine Steuern gezahlt werden mussten. Die Untersuchung führte zu dem Ergebnis, dass zwischen 2009 und 2012 die Handelsvolumina der Aktien mit nicht steuerbefreiten Dividenden signifikant größer waren, als zwischen 2012 und 2015. Außerdem wurden die Verluste durch Cum-Ex-Geschäfte mit Leerverkäufen an der Börse für die Jahre 2009 bis 2012 geschätzt. Diese Arbeit wird die aktuelle Diskussion in der Literatur aufgreifen und anhand dieser einen eigenständigen Lösungsansatz zu der Legalitätsthese erzeugen. Von der

Arbeit von Büttner et al. wird sich dadurch abgegrenzt, dass die Auswirkungen in einem größeren Zeitraum betrachtet wird und die Steuerverluste nicht nur an der Börse, sondern auch außerbörslich betrachtet werden.

3 Erläuterung der Cum-ex-Geschäfte

Cum-Ex-Geschäfte, als Form des Dividendenstrippings, zeichnen sich besonders durch ihre Komplexität aus. Diese Komplexität war aus Sicht der Beteiligten auch nötig, damit das Finanzamt ihnen nicht die Anrechnung bzw. Erstattung der Steuer versagt. Zum Verständnis wie diese Geschäfte funktioniert haben, sollen deshalb im Folgenden das Grundmodell, ein Zahlenbeispiel sowie Variationen der Geschäfte dargestellt und erläutert werden.

3.1 Das Grundmodell

Bei den „klassischen" Cum-Ex-Geschäften verkaufte ein Leerverkäufer Aktien einen Tag vor bzw. am Dividendenstichtag[1] cum Dividende, also mit Dividendenanspruch (vgl. Jehke/Blank 2017: 906). Bei einem Leerverkauf ist der Verkäufer zum Zeitpunkt des Eingehens der Verkaufsvereinbarung nicht im Besitz der Aktien, sondern vereinbart eine Lieferung der Aktien zu einem späteren Zeitpunkt. Aufgrund der Vorschriften an der deutschen Wertpapierbörse, den sogenannten Börsenusancen, muss ein Verkauf an der Börse zwei Tage nach Geschäftsabschluss erfüllt werden (vgl. § 4 Bedingungen für Geschäfte an der Frankfurter Wertpapierbörse). Dementsprechend war bei Cum-Ex-Geschäften der Tag der Lieferung einen bzw. zwei Tage nach dem Dividendenstichtag. Am Tag der Dividendenausschüttung zahlte die Aktiengesellschaft eine Nettodividende[2] an den Eigentümer der Aktie und führte die Kapitalertragssteuer zzgl. Solidaritätszuschlag an das Finanzamt ab, für welche die Depotbank des Aktieninhabers Diesem eine Kapitalertragssteuerbescheinigung ausstellte (vgl. Abbildung 1).

Mit Vorlage dieser Bescheinigung beim Finanzamt konnte sich der Aktieninhaber die abgeführte Steuer später anrechnen bzw. erstatten lassen (vgl. Bruns 2010: 2062). Damit der Leerverkäufer seiner Pflicht, dem Käufer die Aktien zu liefern, nachkommen konnte, musste er nun die Aktien von dem bisherigen Inhaber erwerben (vgl. Abbildung 1). Dies Tat er entweder mit einer Wertpapierleihe[3] oder er kauft sich die

---

[1] Der Dividendenstichtag ist der Tag der Aktionärshauptversammlung einer Aktiengesellschaft. An diesem Tag wird unteranderem die Höhe der auszuschüttenden Dividendenzahlung festgelegt.
[2] Eine Nettodividende ist die Bruttodividende abzüglich der Steuer.
[3] Bei einer Wertpapierleihe erhält der Entleiher die Aktien gegen eine Leihgebühr und wird dabei sowohl zivilrechtlicher, als auch wirtschaftlicher Eigentümer. Entsprechend kann er die Aktien verkaufen, wenn er

Wertpapiere außerbörslich auf dem OTC-Markt[4] (vgl. Berger/Matuszewski: 3099). Die Aktien hatten jedoch aufgrund der Dividendenausschüttung an Wert verloren[5]. Der Käufer hatte allerdings den Preis für die Aktien mit Dividendenanspruch gezahlt. Dementsprechend lieferte der Verkäufer die Aktien ohne Dividendenanspruch, während der Girosammelverwahrer (Clearstream Banking AG) zusätzlich eine Dividendenkompensationszahlung in Höhe der Nettodividende an die Depotbank des Käufers auszahlte (vgl. Abbildung 1). Diese ließ er sich später vom Leerverkäufer erstatten.

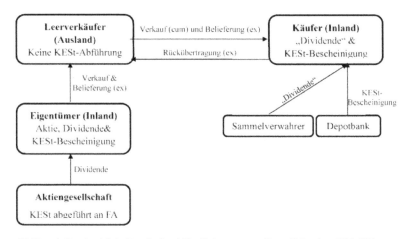

Abbildung 1: Grundmodell der Cum-Ex-Geschäfte. (Entnommen aus Knauer/Schomburg 2019: 306)

Die Depotbank des Käufers konnte dabei jedoch nicht erkennen, ob es sich um eine originäre Dividende oder eine Ausgleichszahlung handelte und stellte deshalb eine Kapitalertragssteuerbescheinigung für den Käufer aus (vgl. Florstedt 2017: 603). Mit dieser konnte auch er sich die Steuer anrechnen bzw. erstatten lassen. Das bedeutet, dass zwei Parteien eine Bescheinigung zur Steueranrechnung bzw. -erstattung besaßen, obwohl die Steuer nur einmal, von der Aktiengesellschaft, an das Finanzamt abgeführt wurde. Somit hat der Leerverkäufer der keine Steuern abgeführt hat, aber den vollen Preis für die Aktien mit Dividendenanspruch erhalten hat, einen Gewinn in Höhe der

---

möchte. Da bei der Wertpapierleihe eine Gattungsschuld vorliegt, ist der Entleiher nur verpflichtet nach Ablauf der Leihe Aktien derselben Art zurück zu übertragen.
[4] Bei Geschäften auf dem OTC-Markt gibt es keine Vorschrift, wie an der Börse, wann das Geschäft nach Geschäftsabschluss erfüllt werden muss. Dementsprechend ist eine Erfüllung am selben Tag möglich.
[5] Der Wert der voraussichtlichen Dividendenzahlung ist in dem Preis einer Aktie enthalten. Wenn diese ausgezahlt wird sinkt der Preis der Aktie entsprechend der Höhe der Zahlung.

Kapitalertragssteuer gemacht, während sowohl der ursprüngliche Aktieninhaber, als auch der Käufer weder einen Gewinn noch einen Verlust verbucht haben[6] (vgl. Rau, 2010: 1269 f.). Der Gewinn bestand somit nur aus der vom Fiskus zu viel erstatteten Steuer und wurde somit durch Steuerausfälle des Staates erwirtschaftet (vgl. Spengel/Eisgruber 2015: 786). Üblicherweise hat der Käufer die Aktien kurze Zeit später zurück auf den Verkäufer oder Eigentümer übertragen.

Die Geschäfte wurden i. d. R. durch Kurssicherungsgeschäfte gegen Kursschwankungen der Aktien abgesichert, die außerdem dazu dienten die Steuerarbitrage[7] zwischen den Parteien aufzuteilen (vgl. Spengel 2016: 16 f.). Für diese Kurssicherungsgeschäfte wurden in der Regel eine Kombination von Termingeschäften und Total Return Swaps genutzt (vgl. Rau 2010: 1269). Bei Termingeschäften werden Preis und Menge für ein Wertpapiergeschäft festgelegt, das zu einem fixen Termin in der Zukunft erfüllt werden soll. Bei Cum-Ex-Geschäften war dies der Termin, an dem der Käufer die Aktien entweder an den Leerverkäufer oder den Eigentümer zurückveräußerte. Total-Return-Swap-Geschäfte andererseits wurden eingegangen, um Wertentwicklungen der Aktien im Transaktionszeitraum auszugleichen (vgl. ebd.). Bei Total-Return-Swap-Geschäften gibt es einen Sicherungsgeber, der dem Sicherungsnehmer einen Zinssatz zahlt, der sowohl fest als auch variabel sein kann (vgl. Weber 2002: 25). Außerdem übernimmt der Sicherungsgeber das Risiko der Aktie. Das bedeutet, wenn der Kurs fällt zahlt er dem Sicherungsnehmer die Differenz zwischen dem Ausgangspreis und dem Preis bei Ablauf des Swaps (vgl. Rau 2010: 1269 f.). Wenn der Kurs jedoch steigt erhält er die Kursgewinne (vgl. Weber 2002: 25). Bei Cum-Ex-Geschäften war der Leerverkäufer der Sicherungsnehmer und der Eigentümer der Sicherungsgeber. Dadurch konnte der Leerverkäufer sich gegen Kursschwankungen zwischen dem Leerverkauf der Aktien an den Käufer und dem Erwerb der Aktien vom Eigentümer absichern. Auch bei dem Total Return Swap konnte die Arbitrage, in Form der Zinszahlung, eingepreist werden (vgl. Rau 2010: 1269 f.). Somit konnte durch ein Termingeschäft zwischen dem Leerverkäufer bzw. dem Eigentümer und dem Käufer der Aktien, sowie einem Total Return Swap zwischen dem Eigentümer und dem Leerverkäufer das Kursrisiko eliminiert und die Steuerarbitrage aufgeteilt werden (vgl. ebd.).

---

[6] Transaktionskosten werden hier zur Vereinfachung vernachlässigt.
[7] Eine Arbitrage ist die Ausnutzung von Preisunterschieden für identische Güter durch Kauf und Verkauf zur Erzielung von Gewinnen. Steuerarbitrage liegt vor, wenn die Arbitrage nur durch ungleichmäßige Besteuerung realisiert wird (vgl. Raab 1993: 39). Bei Cum- Ex-Geschäften bestand diese aus der zu viel angerechneten bzw. erstatteten Kapitalertragssteuer.

Das bedeutet im Endeffekt, dass bei Cum-Ex-Geschäften das einzige Risiko darin bestand, dass das Finanzamt die Anrechnung bzw. Erstattung der Kapitalertragssteuer versagte. Dem gegenüber stand eine Rendite über der des Marktes, die durch Nutzung von Fremdkapital als Hebel noch vergrößert werden konnte.

3.2 Zahlenbeispiel für den Leerverkauf mit Kurssicherungsgeschäft

Zum besseren Verständnis folgt ein kurzes Zahlenbeispiel. Eine Aktie wird cum Dividende zu einem Preis von 400,00€ am Markt gehandelt und vom Käufer, zu diesem Preis, am Tag vor der Hauptversammlung erworben. Zugleich schließt der Leerkäufer ein Termingeschäft mit dem Eigentümer ab. Die Aktie wird zu einem Preis von 390,50€ zurückverkauft. In diesem Preis ist der Anteil an der Steuerarbitrage bereits enthalten. Auf der Hauptversammlung wird eine Bruttodividende von 2,5% bzw. 10,00€ beschlossen.

Tabelle 1: Cum-Ex-Geschäften mit Kurssicherungsgeschäften (in Anlehnung an Rau 2010: 1269 f)

Kurs der Aktie bei Verkauf	400,00 €		Bruttodividende	10,00 €
Kurs der Aktie ex Dividende	390,00 €			
	Käufer	Leerverkäufer	Eigentümer	Gesamt
Handel	-10,00 €	10,00 €	0,00 €	0,00 €
Dividendenkompensation	7,89 €	-7,89 €		
Total Return Swap		-1,31 €	1,31 €	0,00 €
Termingeschäft	0,50 €		-0,50 €	0,00 €
Steueranrechnung	2,11 €			2,11 €
Ergebnis	0,50 €	0,80 €	0,81 €	2,11 €

Am Ex-Tag[8] kauft der Leerverkäufer die Aktien vom Eigentümer für 390,00€ und erzielt dadurch zunächst einen Gewinn in Höhe der Bruttodividende. Er muss jedoch bei Übertragung der Aktien eine Dividendenkompensationszahlung in Höhe der Nettodividende von 7,89€ an den Käufer und die Zinszahlung in Höhe von 1,31€ für den Total Return Swap an den Eigentümer zahlen. Der Käufer kann sich aufgrund der von seiner Depotbank ausgestellten Steuerbescheinigung, die Steuer in Höhe von 2,11€[9] erstatten lassen und erwirtschaftet außerdem einen Gewinn aus dem Termingeschäft. Der Eigentümer

---

[8] Der Ex-Tag ist der Tag nach der Hauptversammlung der Aktiengesellschaft. An diesem Tag werden Aktien bereits ohne Dividendenanspruch, also ex, gehandelt.
[9] Dies entspricht 20% Kapitalertragssteuer zzgl. Solidaritätszuschlag der Dividende. Diese war der übliche Satz beim Halbeinkünfteverfahren bevor 2009 die 25% Abgeltungssteuer eingeführt wurde.

erhält die Zinszahlung des Leerverkäufers für das Swap-Geschäft, muss allerdings einen Verlust bei dem Termingeschäft hinnehmen.

Somit konnten alle Parteien Gewinne erwirtschaften, die zusammengerechnet genau der zu viel erstatteten Steuer entsprechen. Diese Gewinne waren zudem zu keinem Zeitpunkt durch Kursschwankungen gefährdet.

3.3 Varianten von Cum-Ex-Geschäften mit Leerverkäufen

Das Grundmodell spiegelt nur einige wenige Varianten der vielfältigen Cum-Ex-Geschäfte wieder. Für ein tieferes Verständnis der Steuertricks, um sich die Kapitalertragssteuer mehrfach erstatten zu lassen, werden im Folgenden verschiedenen Varianten der Cum-Ex-Geschäfte aufgezeigt. Die unterschiedlichen Varianten die von Banken, Beratern und diversen Finanzproduktanbietern entwickelt wurden zeigen deutlich, dass die beteiligten Parteien das Geschäftsmodell entsprechend der sich verändernden gesetzlichen Regelungen immer wieder angepasst und immer weiter professionalisiert haben (vgl. Spengel 2016: 28). Die Varianten unterscheiden sich grundsätzlich in vier Variablen. Dem Käufer der Aktien, dem Markt an dem diese gehandelt wurden, der Depotbank die der Leerverkäufer genutzt hat und letztendlich wie viele Kapitalertragssteuerbescheinigungen erzeugt wurden.

Bei den Käufern gab es fünf Optionen. Der Käufer konnte eine GmbH, ein inländischer Investmentfond, ein ausländischer Investmentfond, ein ausländischer Pensionsfonds oder eine inländische Depotbank sein (vgl. Spengel 2016: 28 ff.).

Bei einer GmbH als Käufer, kaufte diese gemäß dem Grundmodell der Cum-Ex-Geschäfte Aktien in großem Umfang um den Dividendenstichtag und sicherte sich mit Kurssicherungsgeschäften ab. Bei der GmbH gab es jedoch einen großen Nachteil für die Beteiligten. Bei jeder Transaktion verringerte sich das Eigenkapital der GmbH, da die Steuer erst bei der Körperschaftssteuerveranlagung, am Ende des Jahres, angerechnet bzw. erstattet wird (vgl. ebd.). Somit konnte die GmbH bei späteren Geschäften, egal ob Cum-Ex-Geschäfte oder gewöhnlicher Geschäftsbetrieb, weniger investieren. Zur Umgehung dieser Problematik konnten Investmentfonds genutzt werden (vgl. Spengel/Eisgruber 2015: 796).

Investmentfonds hatten nicht nur den Vorteil steuerbefreit zu sein, sondern die einbehaltene Kapitalertragsteuer wurde auch schneller zurückerstatte als bei GmbHs. Entsprechend konnte der Investmentfond das Problem des schrumpfenden Eigenkapitals reduzieren. Außerdem konnte durch das Nutzen von Investmentfonds mehr Gelder für die

Investitionen als durch eine GmbH generiert werden (vgl. Spengel 2016: 31). Das hängt damit zusammen, dass sich bei Fonds leichter mehr Akteure an den Investitionen gleichzeitig beteiligen können, als bei GmbHs[10].

Bei einer weiteren Variante investierten die Anleger in einen luxemburgischen Fonds, der wiederum die Gelder einem US-amerikanischen Pensionsfond überließ (vgl. Florstedt 2017: 603). Dieser Pensionsfond hat dann die Aktien über eine deutsche Depotbank, bei einem Leerverkäufer, erworben und gemäß dem Grundmodell nach Ausschüttung der Dividenden eine Dividendenkompensationszahlung und eine Kapitalertragssteuerbescheinigung erhalten (vgl. ebd.) Mit dieser wollte er sich die Steuer, auf Grundlage des zwischen Deutschland und den USA herrschenden Doppelbesteuerungsabkommens[11], vom Fiskus erstatten lassen (vgl. Spengel 2016: 33). Bei dieser Variante war außerdem bemerkenswert, dass wenn die Kapitalertragssteuer nicht erstattet wurde, die Investoren durch eine Verlustbeteiligung belastet wurden (vgl. Florstedt 2017: 603). Das bedeutet, dass die Initiatoren der Cum-Ex-Geschäfte selbst bei Nicht-Erstattung Gewinne erzielten, da sie die Gelder der Investoren einbehalten konnten (vgl. Spengel/Eisgruber 2015: 797).

Für eine weitere Variante trat die inländische Depotbank selber als Käufer der Aktien auf. Das bedeutet, dass es somit eine Partei weniger gab, mit welcher der Gewinn geteilt werden musste. Die Geschäfte liefen wie in den anderen Fällen ab, nur kaufte die Depotbank nun die Aktien und stellte sich selbst die Kapitalertragssteuerbescheinigung aus (vgl. Spengel 2016: 34).

Die Cum-Ex-Geschäfte konnten sowohl an der Börse als auch über den OTC-Markt durchgeführt werden. Bei den Geschäften über die Börse galt aufgrund der bereits erwähnten Börsenusancen[12], dass die Geschäfte zwei Tage nach Geschäftsabschluss erfüllt werden mussten. Entsprechend gab dies dem Leerverkäufer die Zeit die Aktien für die Belieferung zu beschaffen. Auf dem OTC-Markt wäre prinzipiell eine taggleiche Lieferung möglich gewesen (vgl. Seer/Krumm 2013: 1758). Entsprechend wurde der Zeitpunkt der Lieferung bei OTC-Geschäften auf zwei oder mehr Tage in der Zukunft gesetzt, um die doppelte Kapitalertragssteueranrechnung bzw. -erstattung zu erzielen (vgl. Rau 2010: 1270).

---

[10] Bei GmbHs müssen dabei Kapitalerhaltungsregelungen und Vorschriften für das Gesellschaftskapital beachtet werden (vgl. Spengel 2016: 32)
[11] „Dividenden [Anmerkung des Verfassers: werden] in dem Vertragsstaat, in dem die die Dividenden zahlende Gesellschaft ansässig ist, nicht besteuert, wenn der Nutzungsberechtigte […] ein im anderen Vertragsstaat ansässiger Pensionsfonds ist […]." (Art. 10 DBA)
[12] Siehe dafür Unterkapitel 3.1.

Bis 2006 nutzten die Leerverkäufer in- und ausländische Depotbanken für die Abwicklung von Cum-Ex-Geschäfte mit Leerverkäufen. Dies änderte sich jedoch mit dem Jahressteuergesetz[13] von 2007, denn durch die Gesetzesänderung mussten nun die inländischen Depotbanken der Leerverkäufer bei Cum-Ex-Geschäften Kapitalertragssteuer abführen, wenn eine Dividendenkompensationszahlung an den Käufer ausgezahlt wurde (vgl. Bundestag 2006: 46 ff.). Das bedeutete für die Cum-Ex-Geschäfte, dass den zwei Steueranrechnungen bzw. -erstattungen, jetzt auch zwei Steuerzahlungen gegenüberstanden. Dies machte die Geschäfte über inländische Depotbanken unprofitabel für die Beteiligten. Dementsprechend wurden die Geschäfte ab 2007 nahezu ausschließlich über Depotbanken im Ausland durchgeführt, da diese nicht dazu verpflichtet waren Steuern an den deutschen Fiskus abzuführen (vgl. Spengel 2016: 24). Als 2012, gem. des OGAW-IV-Umsetzungsgesetzes, das Schuldnerprinzip[14] durch das Zahlstellenprinzip[15] ersetzt wurde und damit die Cum-Ex-Geschäfte mit Leerverkäufen gestoppt wurden, endeten auch diese Geschäfte (vgl. Rhodius/Lofing 2018: 29).

Beim Grundmodell der Cum-Ex-Geschäfte wurden zwei Kapitalertragssteuerbescheinigungen erzeugt, es gab jedoch weitere Modelle mit denen bis zu fünf Bescheinigungen erzeugt wurden (vgl. Florstedt 2017: 603). Dafür wurden die Aktien über Handelsgeschäfte am OTC-Markt innerhalb der zwei Tage bis zur Erfüllung durch zwei Investmentbanken als Leerverkäufern und vier Käufer, von Leerkäufer zu Leerkäufer transferiert, wodurch die einzelnen Käufer zwischenzeitlich Eigentümer der Aktien wurden (vgl. Rau 2011: 510). Entsprechend wurden vier Steuerbescheinigung an die Leerkäufer und eine an den ursprünglichen Eigentümer der Aktien ausgestellt. Bei einer anderen weniger komplexen Variante konnten bereits drei Steuerbescheinigungen erzeugt werden. Dabei verkauft der Leerverkäufer sowohl am Dividendenstichtag, als auch am Tag zuvor Aktien, mit Erfüllung in zwei Tagen, an unterschiedliche Käufer (vgl. Rau 2010: 1270). Am Ex-Tag kaufte oder lieh sich der Leerverkäufer die Aktien, um den ersten Käufer zu bedienen, der am nächsten Tag die Aktien an den Leerverkäufer zurückveräußerte, damit dieser den zweiten Käufer bedienen konnte (vgl. ebd.). Entsprechend dem Grundmodell bekamen beide Käufer und der ursprüngliche Eigentümer eine Kapitalertragssteuerbescheinigung ausgestellt.

---

[13] Im JStG werden alle Steuergesetzesänderung für das kommende Jahr festgehalten. Das JStG 2007 z.B. beinhaltet alle steuerlichen Gesetzesänderungen die ab dem 01.01.2007 galten.
[14] Beim Schuldnerprinzip führt derjenige die Steuer ab, der die Leistung schuldet. In diesem Fall schuldet die AG eine Dividendenzahlung und muss entsprechend die Steuer abführen.
[15] Beim Zahlstellenprinzip führt die auszahlende Stelle die Steuer ab. In diesem Fall also die Depotbank des Aktienkäufers.

4 Materiell-rechtliche Einordnung

Für jedes Tätigwerden des Staates gibt es in Deutschland eine rechtliche Grundlage in Form von Gesetzen, Verordnungen, Richtlinien und Normen, so auch bei der Erhebung und Anrechnung bzw. Erstattung der Kapitalertragssteuer. Die Kapitalertragssteuer ist eine Form der Einkommenssteuer, deshalb gilt das EStG als Rechtsgrundlage für die Erhebung und Anrechnung bzw. Erstattung der Steuer (vgl. Bundestag 2017: 322). Wichtig hierbei ist die Auslegung dieser Rechtsgrundlagen durch Gerichte und Experten. Diese Interpretationen der rechtlichen Grundlagen können jedoch auch zu unterschiedlichen Meinungen bzw. Schlussfolgerungen führen. So geschehen im Fall der Cum-Ex-Geschäfte mit Leerverkäufen. Im Schrifttum gehen die Meinungen primär dahingehend auseinander, ob es sich bei den besagten Fällen um eine Gesetzeslücke und damit legaler Steuervermeidung handelte oder nicht. Um dies zu erläutern werden in diesem Kapitel die entsprechenden Rechtsgrundlagen aufgezeigt und diskutiert.

4.1 Die Anrechnungsvoraussetzungen des § 36 Abs. 2 Nr. 2 EStG

Der § 36 des EStG regelt die Entstehung und Tilgung der Einkommensteuer und behandelt somit auch die Anrechnung bzw. Erstattung der Kapitalertragssteuer. Relevant für die Cum-Ex-Geschäfte ist der zweite Punkt des zweiten Absatzes der sich mit der Anrechnung auf die Einkommenssteuer beschäftigt. Diesem lässt sich entnehmen, dass es für die Anrechnung der Kaptalertragssteuer auf die Einkommensteuer des Leerkäufers drei Voraussetzungen zu erfüllen gibt (vgl. Desens 2016: 32). Die erste Voraussetzung ist, dass Einkünfte aus einer Dividende oder einer Dividendenkompensation gem. § 20 Abs. 1 Nr. 1 EStG erhalten wurde (vgl. Knauer/Schomburg 2019: 307). Dass die Einkommensteuer auf die Einkünfte und Bezüge erhoben wurde, ist die zweite Voraussetzung (vgl. Klein 2015: 732). Die letzte Voraussetzung ist die Vorlage einer Bescheinigung nach § 45a Absatz 2 oder Absatz 3 EStG bei einem Finanzamt (vgl. Weidemann 2014: 2138). Somit müssen für die Anrechnung der Kapitalertragssteuer durch den Leerkäufer zwei Tatbestandsmerkmale erfüllt sein und außerdem eine Bescheinigung zur Anrechnung der Steuer vorliegen (vgl. Spengel 2016: 65). Die Voraussetzung der Vorlage der Kapitalertragssteuerbescheinigung war i. d. R. erfüllt, da es das Ziel der Cum-Ex-Geschäfte war diese zu erzeugen[16]. Die anderen beiden Voraussetzungen sind jedoch weiterhin kontrovers und werden im Folgenden diskutiert.

---

[16] Siehe Unterpunkt 3.1.

4.2 Einkünfte aus Dividende oder Dividendenkompensationszahlung

Durch das Jahressteuergesetz 2007 wurden mit Hinzufügen des § 20 Abs. 1 Nr. 1 Satz 4 EStG Dividendenkompensationszahlungen mit Dividenden gleichgestellt (vgl. Bundestag 2006: 9). Dadurch sollte den Cum-Ex-Geschäften die Basis entzogen werden. Aufgrund des Einflusses dieser Regelungen, der später weiter ausgeführt wird, müssen für die steuerrechtliche Behandlung zwei unterschiedliche Zeiträume betrachtet werden. Sowohl der Zeitraum bis einschließlich 2006, als auch der Zeitraum von 2007 bis einschließlich 2011.

4.2.1 Zeitraum bis einschließlich 2006

Bei der Prüfung des ersten Tatbestandsmerkmals muss zunächst unterschieden werden ob es sich bei den Einkünften um eine Dividende oder um eine Dividendenkompensationszahlung handelte. Eine Dividendenkompensationszahlung wurde bis zum Jahre 2007 nicht durch den § 20 Abs. 1 Nr. 1 berücksichtigt und war deshalb als Schadensersatzzahlung zu behandeln (vgl. Bruns 2010: 2063). Dementsprechend war diese als voll steuerpflichtige Betriebsvermögensmehrung zu betrachten. Dies hatte zur Folge, dass der Leerkäufer bis 2007 nur eine Dividende hätte anrechnen lassen können (vgl. Spengel 2016: 66). Folglich muss geprüft werden ob der Leerkäufer die Voraussetzung des § 20 Abs. 1 Nr. 1 Satz 1 EStG erfüllen konnte und somit eine Dividende erhalten hat (vgl. Knauer/Schomburg 2019: 307 f.). Der Satz besagt, dass die Einkünfte aus Kapitalvermögen aus Anteilen mit beschränkter Haftung stammen müssen. Das bedeutet, dass der Leerkäufer Anteilseigner und damit wirtschaftlicher Eigentümer zum Zeitpunkt der Dividendenausschüttung gewesen sein muss (vgl. Schwenke 2015: 85). Dies ist nach § 20 Abs. 5 EStG der Fall, wenn Diesem die Aktien gem. § 39 AO zuzurechnen sind. Primär an diesem Punkt scheiden sich die Meinungen im Schrifttum.

Ein Teil des Schrifttums bezieht sich für die Zurechnung der Dividenden auf den Wortlaut des § 39 AO (vgl. Rau 2017; Florstedt 2017; Knauer/Schomburg 2019). Dieser besagt, dass Wirtschaftsgüter dem zivilrechtlichen Eigentümer zuzurechnen sind, außer ein Dritter kann den Eigentümer von der wirtschaftlichen Einwirkung auf das Wirtschaftsgut ausschließen (vgl. § 39 A0). In diesem Fall wäre der Dritte als der wirtschaftliche Eigentümer anzusehen. Aus dem Gesetzeswortlaut lässt sich bereits erkennen, dass die Zurechnung von Wirtschaftsgütern zu zwei Personen gleichzeitig nicht vorgesehen ist (vgl. Florstedt 2017: 603). Für den Fall der Cum-Ex-Geschäfte mit Leerverkäufen bedeutet dies, dass zum Zeitpunkt der Dividendenausschüttung entweder der Aktieninhaber der Eigentümer der Aktien war oder der Leerverkäufer, aber nicht beide. Somit bleibt nur noch zu überprüfen, ob der Leerkäufer als alleiniger Eigentümer der Aktien zu sehen war.

Aufgrund des dem Leerverkauf zu Grunde liegenden Verfahrens ist dies jedoch nicht möglich. Das hängt damit zusammen, dass der Leerverkäufer, der dem Käufer die Aktien verkaufte, nicht im Stande war dem Käufer die Rechtsposition zu verschaffen, den zivil-rechtlichen Eigentümer von der wirtschaftlichen Einwirkung auf das Wirtschaftsgut aus-zuschließen, da er selbst nicht im Besitz der Aktien ist (vgl. Knauer/Schomburg 2019: 308). Somit kann der Aktieninhaber weiterhin frei über seine Aktien verfügen. Dement-sprechend ist weder die Voraussetzung aus § 39 Abs. 1 AO, noch die Voraussetzung aus § 39 Abs. 2 Nr. 1 Satz 1 erfüllt. Folglich hat der Leerkäufer keinerlei Anspruch auf die Dividende, sondern nur auf die Dividendenkompensationszahlung, die, wie bereits weiter oben ausgeführt, bis 2007 als Schadenersatzzahlung zu behandeln war (vgl. Rau 2017: 1853).

Demgegenüber steht ein Ansatz der auf einem Grundlagenurteil des Bundesfinanzhofs von 1999 zum Dividendenstripping an der Börse beruht (vgl. Hahne 2007; Berger/Matuszewski 2011; Müller/Schade 2017). Mit diesem Urteil entschied der BFH, dass bei einem Inhaberverkauf von Aktien mit Dividendenanspruch an einen Erwerber, der diese oder gleichwertige Aktien anschließend zeitnah, ohne Dividendenanspruch zu-rück- bzw. weiterverkaufte, das wirtschaftliche Eigentum an den Erwerber der Aktien übergeht (vgl. BFH-Urteil v. 15.12.1999 - I R 29/7). Im Schrifttum wird aus diesem Urteil eine Verdopplung des wirtschaftlichen Eigentums abgeleitet (vgl. Berger/Matuszewski 2011; Demuth 2013; Desens 2016).

Das Urteil des BFH wurde für ein Aktiengeschäft an der Börse gefällt, deshalb wird in der Literatur häufig die Meinung vertreten, dass das Urteil demzufolge nicht auf die OTC-Geschäfte angewendet werden konnte (vgl. Rau 2011; Spengel 2016; Knauer/Schomburg 2019). Dagegen wird argumentiert, dass der BFH seine Entschei-dung damit begründete, dass der Käufer das wirtschaftliche Eigentum bereits dann er-langt, wenn er nach dem Willen der Vertragspartner über die Wertpapiere verfügen kann (vgl. BFH-Urteil v. 15.12.1999 - I R 29/7). Dies geht damit einher, dass er Kursrisiko und -chancen trägt und ihm nach den Börsenusancen und den üblichen Abläufen an der Börse, Gewinnansprüche nicht mehr entzogen werden konnten (vgl. ebd.). Das bedeu-tet, dass sobald der Kaufvertrag geschlossen und somit der Übergang des wirtschaftli-chen Eigentums von den entsprechenden Vertragspartnern gewollt ist, das Eigentum an den Aktien übergeht (vgl. Desens 2014: 2318). Außerdem führt der BFH aus, dass nicht alle erwähnten Voraussetzungen im vollen Umfang erfüllt sein müssten, da es „auf das Gesamtbild der Verhältnisse ankommt" (BFH-Urteil v. 15.12.1999 - I R 29/7). Entsprechend wird argumentiert, dass das Urteil auf die außerbörslichen OTC-Geschäfte übertragen werden konnte, da auch bei diesen sowohl Kurschancen und -risiken übergehen, als auch Gewinnansprüche nicht mehr entzogen werden können (vgl. Berger/Matuszewski 2011: 3099). Dieser Schlussfolgerung stimmte der BFH in einem Urteil von 2014 zu (vgl. BFH-Urteil v. 16.4.2014 – I R 2/12). Entsprechend war es nicht relevant, ob die Geschäfte an der Börse oder OTC abgewickelt wurden.

Es besteht jedoch weiterhin die Frage, ob der Leerkäufer und der ursprüngliche Aktieninhaber gleichzeitig wirtschaftliche Eigentümer an den Aktien sein konnten. Bei einem Kauf von Aktien, sowohl an der Börse, als auch OTC, können i. d. R. weder der Käufer, noch seine Depotbank erkennen, ob es sich um einen Leerverkauf handelt oder nicht, da Aktiengeschäfte generell anonym über den Girosammelverwahrer ablaufen (vgl. Berger/Matuszewski 2011: 3101). Entsprechend ging der Käufer, gem. dem Urteil des BFH von 1999 zum Dividendenstripping, davon aus, mit Kauf der Aktien wirtschaftlicher Eigentümer zu werden (vgl. BFH-Urteil v. 15.12.1999 - I R 29/7). Außerdem erwartet der Leerkäufer bei Vertragsabschluss Kursrisiken und -chancen zu übernehmen (vgl. Berger/Matuszewski 2011: 3102). Daraus lässt sich ableiten, dass bei einem Leerverkauf sowohl an der Börse, als auch außerbörslich, der Leerkäufer schon bei Abschluss des Kaufvertrags wirtschaftliches Eigentum an den Aktien erhielt, da es in der ständigen Rechtsprechung laut dem BFH „Für die Feststellung des wirtschaftlichen Eigentums i. S. von § 39 Abs. 2 Nr. 1 AO [...] entscheidend auf das wirtschaftlich Gewollte und das tatsächlich Bewirkte an [Anmerkung des Verfassers: -kommt]" (BFH-Urteil v. 26.01.2011 - IX R 7/09). Dementsprechend können dem Erwerber die Gewinnansprüche nach einschlägigen Börsenusancen und üblichen Abläufen nicht mehr entzogen werden (vgl. BFH-Urteil v. 15.12.1999 - I R 29/7). Folglich konnte neben dem Aktieninhaber auch der Leerkäufer als Eigentümer an den Aktien betrachtet werden (vgl. Hahne 2007: 1197 f.). Dies entspricht auch der Gesetzesbegründung der Bundesregierung im Jahressteuergesetz 2007, in der diese schreibt, dass dem Leerkäufer die Aktien steuerlich zuzurechnen waren (vgl. Bundestag 2006: 48).

Beide Rechtsauslegungen haben ihre Berechtigung, zumal sie mit überzeugenden Argumenten untermauert sind. Jedoch gibt es beim zweiten Ansatz eine Schwachstelle. Das zugrunde gelegte Urteil des BFH vom 15.12.1999 bezieht sich explizit auf den Fall des Inhaberverkaufs und der damit verbundenen Fragestellung ob der Besitz der Aktien schon vor Lieferung dieser auf den Erwerber übergehen kann. Beim Inhaberverkauf wird bei Verkauf ein Sperrvermerk im Depot des Inhabers vorgenommen, der Diesem nicht nur die Steuerbescheinigung für Dividenden, sondern auch die Möglichkeit wirtschaftlich Einfluss auf die Aktie zu nehmen versagt (vgl. Seer/Krumm 2013: 1761). Bei einem Cum-Ex-Leerverkauf lag dieser Sachverhalt nicht vor, da der Aktieninhaber zum Zeitpunkt des Geschäftsabschlusses zwischen Leerkäufer und -verkäufer, solange keine Absprachen vorlagen, noch nicht einmal bekannt war. Entsprechend ist das Urteil nicht auf den Fall der hier behandelten Cum-Ex-Geschäfte mit Leerverkäufen anwendbar und es liegt kein Dividendenbezug vor (vgl. Florstedt 2017: 308). Folglich konnte der Leerkäufer den Einkünftetatbestand des § 20 Abs. Nr. 1 nicht erfüllen, da weder wirtschaftliches Eigentum an den Aktien, noch ein Anspruch auf die Dividende vorlagen. Daraus wird ersichtlich, dass der Leerkäufer eine der drei Voraussetzungen gem. § 36 Abs. 2 Nr. 2 EStG nicht erfüllen konnte und entsprechend keinen Anspruch auf Anrechnung bzw. Erstattung der Kapitalertragssteuer hatte.

4.2.2 Zeitraum von 2007 bis 2012

Wie weiter oben schon erwähnt wurde mit dem Jahressteuergesetz von 2007 ein weiterer Satz in den § 20 Abs. 1 Nr. 1 EStG eingefügt.

„Als sonstige Bezüge gelten auch Einnahmen, die an Stelle der Bezüge im Sinne des Satzes 1 von einem anderen als dem Anteilseigner nach Absatz 2a bezogen werden, wenn die Aktien mit Dividendenberechtigung erworben, aber ohne Dividendenanspruch geliefert werden;" (Bundestag 2006: 9).[17]

Damit schuf der Gesetzgeber einen neuen Kapitalertragsteuereinbehaltungs- und -abführungstatbestand (vgl. Seer/Krumm, 2013: 1761). Demgemäß konnten nun die Dividendenkompensationszahlungen, die bisher als Schadensersatzzahlungen zu behandeln waren, mit Dividenden gleichgestellt werden. Entsprechend lagen nun bei Bezug einer Dividendenkompensationszahlung Einkünfte aus Kapitalvermögen gem. § 20 Abs. 1 Nr. 1 EStG vor. Das bedeutet, dass nun bei den Cum-Ex-Geschäften mit Leerverkäufen die zweite Voraussetzung des § 36 Abs. 2. Satz 2 EStG, neben der Vorlage der Kapitalertragsteuerbescheinigung beim Finanzamt, erfüllt war. Entsprechend besteht nur noch die Frage, ob die Steuer erhoben wurde.

---

[17] Im Jahre 2009 wurde dieser abgeändert, da der Absatz 2a zu Absatz 5 umbenannt wurde. Der Wortlaut blieb dabei identisch.

4.3 Erhebung der Kapitalertragssteuer

Durch die Einführung des § 20 Abs. 1 Satz 4 EStG i. V. m. § 44 Abs. 1 Satz 3 EStG a.F. sollte ab 2007 die Kapitalertragssteuer bei Cum-Ex-Geschäften einmal von dem Emittenten der Aktien und einmal von der Depotbank des Leerverkäufers abgeführt werden (vgl. Bundestag 2017: 323; Bundestag 2006: 12). Damit stünden den zwei Steuerbescheinigungen bzw. Steueranrechnungen, zwei Steuererhebungen gegenüber (vgl. Bundestag 2006: 46 ff.). Dadurch wollte die Bundesregierung eine Lösung der Problematik der Steuerausfälle durch die Cum-Ex-Geschäfte erzielen (vgl. ebd.). Es bestanden jedoch weiterhin Unklarheiten über die Gesetzeslage, da die Gesetzesänderungen, sowie die Gesetzesbegründungen, nicht eindeutig bzw. missverständlich formuliert waren (vgl. Seer/Krumm 2013: 1761). Dadurch konnte es weiterhin zu einer doppelten Anrechnung der Kapitalertragssteuer kommen, obwohl diese nur einmal abgeführt wurde. Der Gesetzgeber bezog das Gesetz explizit nur auf den Fall, dass der Leerverkäufer sich einer inländischen Depotbank bediente und erklärte zudem in der Gesetzesbegründung, dass „Die Regelung [...] der Verringerung von Steuerausfällen [Anmerkung des Verfassers: dient]" (Bundestag 2006: 47). Diese Erklärung und der Fakt, dass für den Fall, wenn eine ausländische Depotbank genutzt wurde es weiterhin keine Rechtsgrundlage gab, wurde in Teilen des Schrifttums als Rechtfertigung für Cum-Ex-Geschäfte mit Leerverkäufen im Zeitraum von 2007 bis 2012 angesehen (vgl. Berger/Matuszewski 2011; Desens 2016; Klein 2016). Da ab 2007 bei Cum-Ex-Geschäften mit Leerverkäufen sowohl eine Einkünfteerzielung aus Kapitalvermögen gem. § 20 Abs. 1 Satz 4 EStG als auch eine Kapitalertragssteuerbescheinigung nach § 45a Abs. 2 oder 3 EStG vorlagen, bleibt noch zu klären, ob die Steuer erhoben wurde. Im Folgenden werden unterschiedliche Ansätze bzw. Rechtsauslegungen aus dem Schrifttum diskutiert.

Bei einem Ansatz wird sich dabei auf ein Urteil des BFH bezogen bei dem entschieden wurde, dass die Kapitalertragsteuer auch dann schon als erhoben gem. § 36 Abs. 2 Nr. 2 EStG gilt, wenn diese korrekt vom Schuldner einbehalten wurde (vgl. BFH-Urteil v. 23.04.1996 - VIII R 30/93). Dies gilt auch für den Fall, dass die Steuer nicht an das Finanzamt abgeführt wurde (vgl. ebd.). Diese Entscheidung wurde zudem 2010 vom BFH erneut bestätigt (vgl. BFH-Urteil v. 20.10.2010 – I R 54/09). Im Fall der Cum-Ex-Geschäfte hat der Leerkäufer die Aktien cum Dividende beim Leerverkäufer erworben und ex Dividende, zusammen mit einer Dividendenkompensationszahlung in Höhe der Nettodividende, erhalten[18]. Aufgrund dessen, dass die Depotbank des Steuerpflichtigen eine Nettodividende erhalten hatte, konnten sowohl die Depotbank, als auch der Leerkäufer davon ausgehen, dass die Steuer vom Leerverkäufer bzw. seiner Depotbank einbehalten wurde (vgl. Klein 2013: 1054). Entsprechend stellte die Depotbank dem Steuerpflichtigen eine Kapitalertragssteuerbescheinigung gem. § 45a Abs. 2 oder 3 EStG aus, da die Steuer erhoben wurde. Das Problem bei diesem Ansatz ist jedoch, dass das zugrunde gelegte Urteil des BFH voraussetzt, dass der Leerkäufer nicht wusste bzw. nicht hätte erkennen müssen, dass die Steuer nicht abgeführt wurde (vgl. BFH-Urteil v. 20.10.2010 - I R 54/09). Bei den Cum-Ex-Geschäften war jedoch i. d. R. von einer Absprache zwischen den Beteiligten auszugehen (vgl. Spengel 2016; Florstedt 2017; Büttner et al. 2019). Dies ergibt sich vor allem aus den komplexen Kurssicherungsgeschäften. Das bedeutet, dass das Urteil entsprechend nicht anwendbar war und insofern keine Erhebung der Steuer durchgeführt wurde. Folglich konnte die Voraussetzung des § 36 Abs. 2 Nr. 2 nicht erfüllt und die Steuer nicht rechtmäßig angerechnet werden (vgl. Knauer/Schomburg 2019: 309).

Ein weiterer Ansatz bezieht sich auf den im Jahressteuergesetz 2007 eingeführten § 45a Abs. 3 Satz 2 EStG „Satz 1 gilt in den Fällen des § 20 Abs. 1 Nr. 1 Satz 4 entsprechend; der Emittent der Aktien gilt insoweit als Schuldner der Kapitalerträge" (vgl. Bundestag 2006: 13). Das bedeutet, dass die Dividende und die Ausgleichszahlung kraft Fiktion gleichgesetzt werden (vgl. Klein 2015: 732). Dementsprechend wird der Emittent als Schuldner der Dividendenausgleichszahlung und damit als Entrichtungspflichtiger gem. § 44 Abs. 1 Satz 3 EStG fingiert (vgl. Müller/Schade 2017: 1248). Der Grund für die Einführung dieser Fiktion war, dass die Depotbank für gewöhnlich nicht unterscheiden konnte, ob es sich um eine Nettodividende oder um eine Nettodividendenkompensation handelte (vgl. Bundestag 2006: 48). Durch die Fiktion wurde dies irrelevant und das Risiko einer falschen Ausstellung der Steuerbescheinigung durch die Depotbank gemindert (vgl. Klein 2015: 732). Dadurch lagen jedoch zwei Steuerbescheinigungen vor[19], die auf der Einbehaltung der Steuer durch den Emittenten beruhten (vgl. Seer/Krumm 2013: 1763). Somit war gar nicht vorgesehen, dass die Depotbank des Leerverkäufers die Steuer abführt, da diese bereits sowohl für den Aktieninhaber vor dem Dividendenstichtag, als auch für den Leerkäufer, von der Kapitalgesellschaft einbehalten wurde. Der § 45a EStG ist allerdings dem § 44 EStG, der den Kapitalertragssteu-

---

[18] Siehe dazu Gliederungspunkt 3.1.
[19] Sowohl bei dem ursprünglichen Aktieninhaber, als auch bei dem Leerkäufer.

erabzug regelt, systematisch nachgestellt, da dieser sich mit Anmeldung und Bescheinigung der abgezogenen Steuer beschäftigt (vgl. Spengel 2016: 83). Entsprechend tritt diese Norm erst in Kraft, wenn die Steuer erhoben wurde und nicht umgekehrt. Außerdem lässt sich aus dem Wortlaut nicht erschließen, dass der Emittent die Steuer für den Leerkäufer erhoben hat, sondern lediglich, dass er der eigentliche Schuldner der Kapitalerträge ist (vgl. ebd.). Infolgedessen ist auch bei diesem Ansatz das Tatbestandsmerkmal der Erhebung der Steuer des § 36 Abs. 2 Nr. 2 EStG nicht erfüllt.

In der Praxis gilt die Kapitalertragsteuerbescheinigung als einziger möglicher Nachweis für die Abführung der Steuer. Dementsprechend gibt es einen weiteren Ansatz, der besagt, dass die Erhebung der Steuer dadurch bewiesen werden konnte, dass die Steuerbescheinigung vorgelegt wurde (vgl. Berger/Matuszewski 2011; Derlien/Kern 2013; Klein 2013). Dies beruht darauf, dass die Steuerbescheinigung zwingend als Beweismittel für die Abführung der Kapitalertragsteuer vorgelegt werden musste, da sonst die Anrechnung bzw. Erstattung versagt wurde (vgl. BFH-Urteil v. 29.04.2008 - VIII R 28/07). Entsprechend galt die Steuer als erhoben, wenn die Steuerbescheinigung vorgelegt wurde. Dadurch sollte der Steuerpflichtigen vor einer steuerlichen Doppelbelastung geschützt werden (vgl. Derlien/Kern, 2013: 1948). Infolgedessen ging die Feststellungslast[20] mit Vorlage der Kapitalertragsteuerbescheinigung vom Steuerpflichtigen auf die Finanzverwaltung über, da diesem, durch das Gesetz, Vertrauen in die Richtigkeit der Bescheinigung eingeräumt wurde (vgl. Berger/Matuszewski 2011: 3103). Auch eine erhöhte Mitwirkungspflicht gem. § 90 Abs. 2 AO bei der Aufklärung des Verkaufstatbestands, wie von Teilen der Literatur gefordert[21], ist abzulehnen, da diese der Rechtssicherheit und Praktikabilität, die durch die Steuerbescheinigung geschaffen werden sollte widerspreche (vgl. ebd.). Bei der Steuerbescheinigung handelt es sich jedoch nur um einen Anscheinsbeweis (vgl. FG Hessen - Urteil v. 10.03.2017 - 4 K 977/14). Ein Anscheinsbeweis liegt vor, wenn aufgrund gesicherter Erfahrung wegen eines typischen Geschehensablaufs bestimmte Sachverhalte mit hoher Wahrscheinlichkeit feststehende Ursachen haben (vgl. Spengel 2016: 96). Die Cum-Ex-Geschäfte waren allerdings keine typischen Geschehensabläufe, da es sich einerseits um Transaktionen in Milliarden Höhe handelte und andererseits nicht typischerweise von einer Erhebung auszugehen war (vgl. FG

---

[20] Die Feststellungslast ist die materielle Beweislast, die festlegt welche Partei das Risiko der Nichterweislichkeit einer Beweisbehauptung trägt. Das bedeutet, dass die belastete Partei den Nachteil trägt, wenn die aufklärungsbedürftige Tatsache als nicht festgestellt betrachtet wird. In diesem Fall, ob die Steuer erhoben wurde oder nicht.

[21] Siehe dazu die Argumentation von Bruns (vgl. 2010: 2064).

Hessen – Urteil v. 10.03.2017 - 4 K 977/14). Daraus folgt, dass die Steuerbescheinigung nicht als Beweis für die Erhebung der Steuer ausreichte und somit auch bei diesem Ansatz die Voraussetzung der Erhebung der Steuer nicht erfüllt ist.

4.4 Zwischenfazit

Bis 2007 lag bei Cum-Ex-Geschäften generell keine Einkünfteerzielung gem. § 20 Abs. 1 Nr. 1 EStG beim Leerkäufer vor, da dieser weder als zivilrechtlicher, noch als wirtschaftlicher Eigentümer zum Zeitpunkt des Dividendenbeschlusses anzusehen war. Dementsprechend erfüllte der Leerkäufer in diesem Zeitraum nie die Voraussetzungen des § 36 Abs. 2 Nr. 2 EStG und hatte deshalb auch keinen Anspruch auf Anrechnung bzw. Erstattung der Kapitalertragssteuer. Somit war die Anrechnung bzw. Erstattung der Steuer in diesem Zeitraum nicht rechtmäßig. Mit der Einführung des § 20 Abs. 1 Nr. 1 Satz 4 EStG i. V. m. § 44 Abs. 1 Satz 3 EStG a. F. im Jahre 2007, konnte der Leerkäufer nun die Voraussetzung der Einkünfteerzielung erfüllen, da die Dividendenkompensationszahlung mit der Dividende gleichgestellt wurde. Wenn der Leerverkäufer sich also zwischen 2007 und 2012 einer inländischen Depotbank bediente, waren die Voraussetzungen des § 36 Abs. 2 Nr. 2 EStG erfüllt. Selbiges galt auch wenn der Leerverkäufer sich einer ausländischen Bank bediente und der Leerkäufer nicht erkannte bzw. nicht hätte erkennen müssen, dass die Steuer nicht abgeführt wurde. Für die anderen Fälle der Cum-Ex-Geschäfte lag keine Erhebung der Kapitalertragssteuer vor und dementsprechend auch kein Anspruch auf Anrechnung bzw. Erstattung.

5 Ökonomische Auswirkung

Nachdem bereits die Legalität diskutiert und negiert wurde, bleibt es noch zu untersuchen, wie stark die deutsche Wirtschaft durch die Cum-Ex-Geschäfte mit Leerverkäufen beeinflusst wurde. Dazu werden in diesem Kapitel neben Verlusten des Fiskus, die anhand einer Schätzung aufgezeigt werden, die Handelsvolumina deutscher Aktien um den Dividendenstichtag untersucht. Diese Untersuchung strebt an das Ausmaß der Geschäfte aufzeigen.

5.1 Verluste des Fiskus

Dass der Fiskus einen Schaden durch die Cum-Ex-Geschäfte erlitten hat, ergibt sich bereits aus der Tatsache, dass es der Sinn der Geschäfte war eine mehrfache Steueranrechnung bzw. -erstattung bei nur einfacher Abführung zu erwirken, wodurch dem Staat eine „Negativsteuer" entstand (vgl. Spengel 2016: 14). Das Ausmaß dieser Verluste ist jedoch äußerst schwierig zu beziffern. Das liegt einerseits daran, dass bisher mit Sicherheit nur ein Bruchteil aller Fälle von Cum-Ex-Geschäften aufgedeckt wurde, andererseits sind Schätzungen anhand von Handelsdaten schwierig, da die Geschäfte häufig über den OTC-Markt abgelaufen sind, auf dem eine geringe Transparenz herrscht (vgl. Loritz 2017: 2398). Dennoch gibt es einige Schätzungen zu den Ausfällen von Steuergeldern durch Cum-Ex-Geschäfte mit Leerverkäufen. So kamen Büttner et al. bei einer Schätzung zu Cum-Ex-Geschäfte, die über die Börse abliefen, allein im Zeitraum von 2009 bis 2011 auf einen Steuerschaden von ungefähr 640 Millionen Euro (vgl. Büttner et al. 2019: 26 f.). Dass dies nur die Spitze des Eisbergs ist zeigen die Ergebnisse eines Untersuchungsausschusses des Bundestags, der sich mit der Aufarbeitung der Cum-Ex-Geschäfte befasste.

Für die Schätzung des Steuerausfalls wurden die Daten zu allen Handelsgeschäften zwischen 2005 und 2011 von der Clearstream Banking AG (im Folgenden nur Clearstream) angefordert (vgl. Bundestag 2017: 466). Clearstream ist seit 2003 der zentrale Verwahrer von inländischen Aktien und ist somit zuständig für die buchmäßige Übertragung von Wertpapierbeständen und die Dividendenregulierung für inländische Aktien (vgl. Rau 2010: 1267). Dementsprechend ist Clearstream im Besitz der Information über alle Handelsbewegungen und Dividenden- bzw. Dividendenkompensationszahlungen deutscher Aktien. Anhand der zur Verfügung gestellten Informationen von Clearstream über Aktienstückzahlen, Dividendenkompensationszahlungen und Dividenden konnten die Bruttodividenden und die darauf anfallenden Kapitalertragssteuern für den Zeitraum 2005 bis 2011 geschätzt werden (siehe Tabelle 2).

Tabelle 2: Kapitalertragsteuer ausländischer Depotbanken (In Anlehnung an Bundestag 2017: 467 ff.)

Jahr	„Verkaufsspitze Gegenwert" bzgl. inländischer Kunden	Hochgerechnete Bruttodividende	Darauf anfallende KapESt (inkl. SolZ)
2005	213.673.315,99	270.815.356,13	57.142.040,14
2006	1.958.738.050,58	2.482.557.732,04	523.819.681,46
2007	4.498.347.753,31	5.701.327.950,97	1.202.980.197,66
2008	5.690.917.690,09	7.212.823.434,85	1.521.905.744,76
2009	2.108.783.320,40	2.864.221.827,37	755.438.506,97
2010	3.761.007.201,18	5.108.328.965,95	1.347.321.764,77
2011	4.980.770.299,91	6.765.053.038,93	1.784.282.739,02
Summe	23.212.237.631,46	30.405.128.306,22	7.192.890.674,76

Bei den „Verkaufsspitzen Gegenwert" handelt es sich um Saldierungen von Kompensationszahlungsansprüchen zwischen den Depotbanken, die von Clearstream eingezogen wurden (vgl. Bundestag 2017: 466). Anhand dieser wurden die Bruttodividenden und Kapitalertragssteuerzahlungen, entsprechend der Zinssätze[22] der jeweiligen Jahre geschätzt. Daraus ergaben sich Bruttodividenden von insgesamt ca. 30,4 Milliarden Euro, auf die ca. 7,2 Milliarden Euro an Kapitalertragssteuer erhoben wurde, die angerechnet bzw. erstattet werden konnte. Infolgedessen lag bei den Cum-Ex-Geschäften ein geschätzter Steuerschaden in Höhe von 7,2 Milliarden Euro vor (vgl. Bundestag 2017: 472). Zu beachten ist jedoch, dass es sich bei den Daten von Clearstream nur um Daten über Geschäfte um den Dividendenstichtag handelt. Daraus ergab sich noch nicht ob es sich um einen Inhaber- oder einen Leerverkauf handelte (vgl. Bundestag 2017: 468). Es wird dennoch davon ausgegangen, dass die Schätzung tendenziell eine Unterschätzung der Steuerausfälle darstellt, da aufgrund von Saldierungen bei Depotbanken zwischen den Endkunden und Saldierung zwischen den Depotbanken bei Clearstream viele Transaktionen gar nicht erfasst werden konnten (vgl. ebd.). Außerdem merkte Clearstream an, dass einige Dividendenkompensationen nicht erfasst werden konnten, weil diese nicht über den Girosammelverwahrer durchgeführt wurden (vgl. ebd.).

Da die Cum-Ex-Geschäfte jedoch schon 1990 das erste Mal aufgetreten sind, aber in dem Zeitraum bis 2005 keine Daten von Clearstream vorliegen wurde unter der Annahme, dass die Handelsvolumina bei den Geschäften bis 2005 geringer waren, davon ausgegangen, dass in den 15 Jahren auch ein Steuerverlust im niedrigen einstelligen Milliardenbereich vorlag (vgl. Bundestag 2017: 466). Zusammenfassend ergibt sich somit, dass sich die Verluste des Fiskus durch die Cum-Ex-Geschäfte auf mindestens 10 Milliarden Euro belaufen.

5.2 Einfluss der Cum-Ex-Geschäfte auf Handelsvolumina an der Börse

Wie bereits in den vorherigen Kapiteln deutlich geworden ist, wurden bei den Cum-Ex-Geschäften teilweise Aktienpakete in Milliardenhöhe bewegt. Entsprechend ist zu erwarten, dass diese Geschäfte einen signifikanten Einfluss auf das Gesamttransaktionsvolumen deutscher Aktien um den Dividendenstichtag gehabt hat. Diese Auswirkung wird im Folgenden anhand eines Vergleichs der Handelsvolumina der Aktien des HDAX[23] um

---

[22] Aufgrund der Umstellung vom Halbeinkünfteverfahren auf die Nutzung einer Abgeltungssteuer mussten 2009 andere Zinssätze angewendet werden, als nach 2009.
[23] Der HDAX ist ein Aktienindex, der die Aktienindizes DAX, MDAX und TecDAX zusammenführt. Diese drei Indizes umfassen die 110 größten Aktien nach Marktkapitalisierung an der deutschen Börse (zu beachten ist, dass es zu Dopplungen bei MDAX und TecDAX kommen kann). Damit macht dieser derzeit ca. 95% der Gesamtmarktkapitalisierung an der deutschen Börse aus.

den Ex-Tag untersucht. Für diesen Vergleich werden die täglichen Handelsvolumina in den Zeiträumen 2007 bis 2012 und 2012 bis 2015, in einem Intervall von zehn Tagen um den Ex-Tag, betrachtet. Dabei werden jedoch nur Aktien berücksichtigt die eine Dividende ausgeschüttet haben, da nur diese für die Cum-Ex-Geschäfte mit Leerverkäufen relevant waren. Die für die Untersuchung verwendeten Daten wurden aus der Datenbank Thomson Reuters EIKON entnommen.

Mit der Einführung des OGAW-IV-Umsetzungsgesetzes im Jahre 2012, wurden Cum-Ex-Geschäfte mit Leerverkäufen endgültig gestoppt, deshalb wird erwartet, dass die Handelsvolumina der Aktien im HDAX um den Ex-Tag vor 2012 größer waren als nach 2012.

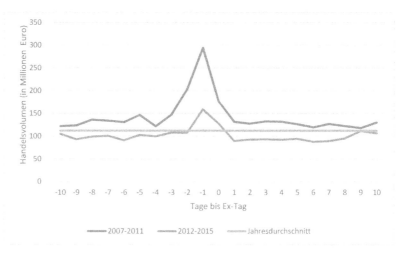

Abbildung 2: Handelsvolumina um den Ex-Tag von 2007 bis 2015 (eigene Darstellung)

Aus dem Datensatz[24] wird ersichtlich, dass sowohl vor, als auch nach 2012 das tägliche Handelsvolumen der Aktien mit Dividendenanspruch an den beiden Tagen vor dem Ex-Tag über dem durchschnittlichen, täglichen Handelsvolumen über das Jahr gesehen liegen. Vor 2012 ist der Unterschied jedoch deutlich größer als im Zeitraum von 2012 bis 2015. In dem Zeitraum 2007 bis 2011 stieg es an dem Tag, zwei Tage vor dem Ex-Tag um 180 und an dem Tag vor dem Ex-Tag, sogar um 260 Prozent an. Diese Unterschiede waren fast doppelt so groß, wie die Unterschiede in der darauffolgenden Periode. Be-

---

[24] Die Tabellen und weitere Berechnung sind dem beigelegten Datenträger zu entnehmen.

sonders extrem war der Anstieg des Handelsvolumens im Jahr 2010, indem das Handelsvolumen am Dividendenstichtag um mehr als das Vierfache höher war als der Durchschnittswert für das Jahr 2010.

Der Kauf der Aktien für die Cum-Ex-Geschäfte musste an den beiden Tagen vor dem Ex-Tag erfolgen, damit die Kapitalertragssteuerbescheinigung zweimal ausgestellt wurde. Da die Cum-Ex-Geschäfte mit Leerverkäufen 2012 durch den Gesetzgeber gestoppt wurden und in den folgenden Jahren das Handelsvolumen um den Ex-Tag signifikant abgenommen hat, ist davon auszugehen, dass ein kausaler Zusammenhang zwischen dem Anstieg des Handelsvolumens um den Dividendenstichtag und den Cum-Ex-Geschäften vorliegt. Daraus folgt, dass die Cum-Ex-Geschäfte mit Leerverkauf einen Einfluss auf die Handelsbewegungen an der deutschen Börse um den Dividendenstichtag hatten. Zu beachten ist dabei jedoch, dass in den Jahren 2007 und 2008 der Anstieg des Handelsvolumens im Vergleich zum Jahresdurchschnitt der einzelnen Jahre teilweise geringer war als in der Periode ab 2012. Dies führt zu der Schlussfolgerung, dass die Cum-Ex-Geschäfte in diesem Zeitraum keinen signifikanten Einfluss auf die Handelsbewegungen an der deutschen Börse hatten.

6   Fazit und Ausblick

Zusammenfassend ist festzuhalten, dass Cum-Ex-Geschäfte mit Leerverkäufen, die zu einer Anrechnung bzw. Erstattung der Kapitalertragssteuer führten, bis 2007 durch keine Rechtsgrundlage gedeckt und dementsprechend nicht rechtmäßig waren. Bis 2007 fehlte es bereits an einem Anspruch auf die Einkünfte aus den Dividenden. Im Zeitraum von 2007 bis 2012 wurde durch die steuerrechtliche Gleichstellung der Dividendenkompensationszahlung mit der Dividende ein neuer Kapitalertragsteuereinbehaltungs- und -abführungstatbestand geschaffen. Dieser erlaubte es dem Leerkäufer sich die Steuer anrechnen bzw. erstatten zu lassen. Dies galt jedoch nur solange der Leerverkäufer sich einer inländischen Depotbank bediente oder der Leerkäufer nicht wusste bzw. nicht hätte erkennen müssen, dass die Steuer nicht erhoben wurde. Entsprechend gilt für alle anderen Fälle, in denen der Leerverkäufer sich einer ausländischen Depotbank bediente, dass die Anrechnung bzw. Erstattung der Steuer durch den Leerkäufer nicht rechtmäßig war, da keine Steuer erhoben wurde. Da es bei Cum-Ex-Geschäften mit Leerverkäufen generell zu Absprachen kam, ist Anzunehmen, dass die Steuer bei Geschäften über ausländische Depotbanken i. d. R. nicht abgeführt wurde.

Bei Betrachtung der Steuerausfälle des Fiskus wird das Ausmaß der Cum-Ex-Geschäfte deutlich. Mit einer geschätzten Untergrenze von mindestens zehn Milliarden Euro an zu

Unrecht angerechneter bzw. erstatteter Kapitalertragssteuer stellen die Cum-Ex-Geschäfte mit Leerverkäufen einen großen Verlust im Staatshaushalt dar.

Die Untersuchung der Handelsvolumina an der deutschen Börse um den Dividendenstichtag im Zeitraum von 2007 bis 2015 zeigt, dass die Cum-Ex-Geschäfte auch einen enormen Einfluss auf die Börse hatten. So zeigt die Auswertung der Daten, dass an den beiden Tagen vor dem Ex-Tag die Handelsvolumina, vor der Einführung des OGAW-IV-Umsetzungsgesetzes von 2012, fast das doppelte Ausmaß annahmen, im Vergleich zu dem darauffolgenden Zeitraum. Dieser Einfluss geht jedoch nur auf die Jahre 2009 bis einschließlich 2011 zurück. Außerdem ist zu beachten, dass bei den untersuchten Aktien mit Dividendenzahlung, Aktien mit steuerbefreiten Dividendenzahlung genauso behandelt wurden, wie die Steuerpflichtigen. Dies könnte zu einer Verzerrung des Ergebnisses geführt haben.

Offene Fragen bleiben hinsichtlich der strafrechtlichen Behandlung der Cum-Ex-Geschäften. Bei dieser gilt es zu untersuchen, ob es sich bei Cum-Ex-Geschäften um einen Missbrauch gesetzlicher Gestaltungsmöglichkeiten, Steuerhinterziehung oder einen Tatbestandsirrtum handelte.

Die Aufarbeitung der Cum-Ex-Geschäfte mit Leerverkäufen wird auch in Zukunft die deutsche Rechtsprechung, den Gesetzgeber und die Steuerbehörden beschäftigen. Dafür wird eine enge Zusammenarbeit zwischen Rechtsprechung und Steuerbehörden von Nöten sein, um so viele Cum-Ex-Geschäfte wie möglich aufzuklären und damit die entstandenen Schäden zu reduzieren. Außerdem muss der Gesetzgeber, in Anbetracht der Zeitspanne in der die Cum-Ex-Geschäfte nicht unterbunden wurden, obwohl diese bekannt waren, seine Arbeitsweise überdenken, damit zukünftig die Schäden durch missverständliche Gesetzgebung und -begründung reduziert werden können.

IV. Literaturverzeichnis 1: Kommentare, Monographien und Zeitschriftenbeiträge

Berger, H./Matuszewski, J. (2011): Dividendenstripping im Fokus der Finanzverwaltung, in: BB, 2011, S. 3097-3104.

Bruns, J.-W. (2010): Leerverkäufe und missbräuchliche Gestaltungen, in: DStR, 2010, S. 2061-2066.

Bundestag (2014): Informationsaustausch gegen Steuerhinterziehung, verfügbar: https://www.bundestag.de/dokumente/textarchiv/2014/kw45_de_abgabenordnung-336834 (Stand: 31.07.2019).

Büttner, T./Holzmann, C./Kreidl, F./Scholz, H. (2019). Withholding-Tax Non-Compliance: The Case of Cum-Ex Stock-Market Transaction, verfügbar: https://papers.ssrn.com/sol3/papers.cfm?abstract_id=2960015 (Stand: 28.07.2019).

Demuth, R. (2013): Cum/ex-OTC-Geschäfte im Fokus: Erste Gelegenheit des BFH zur Versachlichung einer überhitzten Diskussion - Zugleich Anmerkung zum Urteil des FG Hamburg vom 24. 11. 2011, 6 K 22/10, in: DStR, 2013, S. 1116-1118.

Derlien, U./Kern, K. (2013): Die Herkunft der Arbitrage bei Cum/Ex-Geschäften - abgesprochen oder marktbedingt?, in: BB, 2013, S. 1943-1949.

Desens, M. (2014): Übergang des wirtschaftlichen Eigentums im Aktienhandel Schlussfolgerungen aus BFH (I R 2/12, DStR 2014, 2012), in: DStR, 2014, S. 2317-2323.

Florstedt, T. (2017): Cum/ex-Geschäfte und Vorstandshaftung, in: NSTZ2017, S. 601-611.

Hahne, K. D. (2007): Auslegungs- und Anwendungsfragen zur gesetzlichen Neuregelung für Aktiengeschäfte um den Ausschüttungstermin, in: DStR, 2007, S. 605-610.

Jehke, C./Blank, M. (2017): „Cum/Ex-Geschäfte" mit inländischer Depotbank auf Verkäuferseite: Vorrang der Haftung vor der Rücknahme der Anrechnungsverfügung?, in: DStR, 2017, S. 905-912.

Klein, H. (2013): Gewaltenteilung - Umgang der Finanzverwaltung mit der Legislative am Beispiel der Cum-ex-Geschäfte, in: BB, 2013, S. 1054-1057.

Klein, H. (2015): Wirtschaftliches Eigentum bei Aktiengeschäften im Rahmen von „Cum/Ex-Geschäften" im Lichte der Rechtsprechung des I. Senats des BFH, in: BB, 2015, S. 726-735.

Klein, H. (2016): Die vertane Chance im sog. „Cum/Ex-Verfahren" - Nachschau des Hessischen FG-Urteils vom 12.2.2016 - 4 K 1684/14, in: BB, 2016, S. 2006-2013.

Knauer, C./Schomburg, S. (2019): „Cum/Ex-Geschäfte – kommen Strafrechtsdogmatik und Strafrechtspraxis an ihre Grenzen?", in: NStZ, 2019, S. 305-317.

Loritz, K.-G. (2017): Die Realität des Aktientransfers in Zeiten der Dauerglobalurkunde - Sachgerechtes Verständnis des Zivilrechts als Grundlage zur Vermeidung steuerlicher Irrwege - Teil II, in: BB, 2017, S. 2394-2403.

Müller, T./Schade, L. (2017): Das große Missverständnis der Kapitalertragsteuererstattung, in: BB, 2017, S. 1239-1249.

Raab, M. (1993): Steuerarbitrage, Kapitalmarktgleichgewicht und Unternehmensfinanzierung, Physica-Verlag, Heidelberg.

Rau, S. (2010): Leerverkäufe und doppelte Anrechnung von Kapitalertragsteuer, in: DStR, 2010, S. 1267-1271.

Rau, S. (2011): Wirtschaftliches Eigentum beim Kauf girosammelverwahrter Aktien über den Dividendenstichtag („cum/ex"-Geschäfte) - Eine kurze Erwiderung zu Englisch, FR 2010, 1023, in: DStR, 2011, S. 510-512.

Rau, S. (2017): Cum-Ex-Geschäfte und Leerverkäufe nach dem Urteil des FG Hessen v. 10.3.2017, in: DStR, 2017, S. 1852-1858.

Rhodius, O./ Lofing, J. (2018): Kapitalertragsteuer und Abgeltungsteuer verstehen Besteuerung von Kapitalerträgen im Privatvermögen, 4. Aufl., Springer Gabler, Wiesbaden.

Schwenke, M. (2015): Cum/Ex-Geschäfte:Übergang des wirtschaftlichen Eigentums beim Handel mit Aktien, in: jM, 2015, S. 83-86.

Seer, R./Krumm, M. (2013): Die Kriminalisierung der Cum-/Ex-Dividende-Geschäfte als Herausforderung für den Rechtsstaat (Teil 1), in: DStR, 2013, S. 1757-1764.

Spengel, C./Eisgruber, T. (2015): Die nicht vorhandene Gesetzeslücke bei Cum/Ex-Geschäften, in: DStR, 2015, S. 785-801.

Weber, M. (2002): Bewertung und Eigenkapitalunterlegung von Kreditderivaten Risikoadäquate Konzepte zur Preisbestimmung und für bankenaufsichtsrechtliche Regelungen, Deutscher Universitäts-Verlag, Wiesbaden.

Weidemann, J. (2014): Cum-Ex-Dividende-Geschäfte (steuer)strafrechtlich betrachtet: Die strafrechtliche Garantiefunktion des Steuertatbestands, in: BB, 2014, S. 2135-2139.

V. Literaturverzeichnis 2: Gesetzesbegründungen, Stellungnahmen, Urteile und Verwaltungsanweisungen

BFH (1996): Beschluss v. 23.04.1996 - VIII R 30/93, in: DStR, 1996, S. 1526-1527.

BFH (1999): Beschluss v. 15.12.1999, I R 29/7, in: DStR, 2000, S. 462-466.

BFH (2010): Beschluss v. 20.10.2010 – I R 54/09, in: BeckRS 2011, 94294.

BFH (2011): Beschluss v. 26.01.2011 - IX R 7/09, in: DStR, 2011, S. 710-713.

BFH (2014): Beschlus v. 16.4.2014 – I R 2/12, in: DStR, 2014, S. 2012-2018.

Bundestag (2006): Entwurf eines Jahressteuergesetzes 2007, Drucksache 16/2712, verfügbar: https://www-1juris-1de-10061edeo0339.shan01.han.tib.eu/perma?d=DRS-BT-16_2712 (Stand: 31.07.2019).

Bundestag (2017): Beschlussempfehlung und Bericht des 4. Untersuchungsausschusses nach Artikel 44 des Grundgesetzes. Drucksache 18/12700, verfügbar: https://www-1juris-1de-10061edeo0339.shan01.han.tib.eu/perma?d=DRS-BT-18_12700 (Stand: 31.07.2019).

Desens, M. (2016). : Schriftliche Stellungnahme zur Sachverständigenanhörung des 4. Untersuchungsausschusses der 18. Wahlperiode. verfügbar: https://www.bundestag.de/resource/blob/418578/34337486ca25ab0119bb0adf3a779469/desens-data.pdf (Stand: 31.07.2019).

FG Hessen (2017): Beschluss v. 10.03.2017 - 4 K 977/14, in: BeckRS 2017, 94604.

Xetra (2019). : Bedingungen für Geschäfte an der Frankfurter Wertpapierbörse, verfügbar: https://www.xetra.com/resource/blob/258080/ce38eaa1b2969b00c90083440646c132/data/2019-05-27_Bedingungen-f-r-Gesch-fte-an-der-Frankfurter-Wertpapierb-rse.pdf (Stand: 01.08.2019).

Spengel, C. (2016): Darlegung der tatsächlichen und rechtlichen Gegebenheiten, welche bei sogenannten Cum/Ex-Geschäften mit Leerverkäufen zur mehrfachen Erstattung bzw. Anrechnung von tatsächlich nur einmal einbehaltener und abgeführter Kapitalertragsteuer bzw. bis zur Abschaffung des körperschaftsteuerlichen Anrechnungsverfahrens nur einmal gezahlter Körperschaftsteuer führten, verfügbar: https://www.bundestag.de/resource/blob/438666/15d27facf097da2d56213e8a09e27008/sv2_spengel-data.pdf (Stand: 31.07.2019).

BEI GRIN MACHT SICH IHR WISSEN BEZAHLT

- Wir veröffentlichen Ihre Hausarbeit, Bachelor- und Masterarbeit

- Ihr eigenes eBook und Buch - weltweit in allen wichtigen Shops

- Verdienen Sie an jedem Verkauf

Jetzt bei www.GRIN.com hochladen
und kostenlos publizieren